D1394725

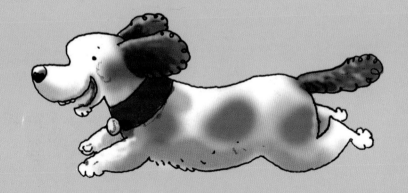

Illustraties Mark Janssen
Vormgeving omslag en binnenwerk Suzanne Diederen

ISBN 978 90 239 9338 4
NUR 271/273

Mozaïek Junior is een imprint van Uitgeverij Mozaïek
www.uitgeverijmozaiek.nl

Opa,
dat mag niet!

Marianne Witvliet & Mark Janssen

Mozaïek Junior

Mama en oma gaan winkelen.
Opa en Lotje blijven thuis.
'Zul je lief zijn?' vraagt mama.
'Netjes doen wat opa vraagt?
En niet te wild zijn?'

Mama zegt nog veel meer van zulke dingen.
Lotje zegt geen ja en geen nee.
Ze geeft mama een kus en oma een knuffel.
Ze zwaait net zo lang
tot ze de hoek van de straat om zijn.

'Zo,' zegt opa. 'Nu zijn wij aan de beurt.'
Lotje pakt opa's handen. Het zijn mooie, oude handen.
Het lijkt wel of er verhalen op staan.

'Jij mag met blote voeten op mijn pantoffels staan,' zegt opa.
Dan loop ik en jij loopt met mij mee.'
Lotje doet het. Ze lopen door de lange gang.
Dat moet. Want ze moet doen wat opa vraagt, heeft mama gezegd.
Het is heerlijk, zo dicht bij opa, ze maakt een lange reis.

'Opa, wil je nu aan mij vragen
of jij het paard mag zijn?' vraagt Lotje.
'Waarom?' vraagt opa.
Hij kijkt een beetje verbaasd.
'Dan doe ik wat mama zegt.'
'Lieve Lotje, mag ik alsjeblieft het paard zijn?'
vraagt opa.
Hij gaat op handen en voeten zitten.
Lotje mag op zijn rug klimmen.

Opa en Lotje zijn in Amerika.
Lotje is de cowboy en opa het paard.
'Jippie ajee!' roept Lotje.
Het paard steigert.
Lotje valt er bijna af.
'Krak,' hoort ze.
Is dat opa?
Nee, gelukkig, het is de vaas.

Er zit een barst in de vaas.
Ineens is opa weer opa en niet het paard.
'Dat is oma's lievelingsvaas,' zegt hij.
Lotje schrikt.
'Het is maar een vaas,' zegt opa. 'Vazen voelen niets.'

'We draaien de vaas om,' zegt opa.
'Dan ziet oma niet dat er een barst in zit.
Nu gaan we naar de keuken. Daar staan geen vazen.'
Lotje doet wat opa zegt.
Dat moet van mama.

Lotje en opa rusten uit.
In de keuken is het leuk.
Maar het paard kan niet meer springen.
De keuken is te klein.

'Dat ik daar niet aan heb gedacht!' zegt opa.
'De zolder! Die is groot.'
'Mag de kanarie mee?' vraagt Lotje
'Anders is hij zo alleen.'
Het mag. Opa draagt de kooi naar boven.

'Ik ben de locomotief en jij bent de conducteur,' zegt opa.
'Wat doet de conducteur?' vraagt Lotje.
'Kaartjes knippen,' zegt opa.

Lotje doet netjes wat opa zegt.
Ze knipt kaartjes.
Wie geen kaartje heeft, mag niet in de locomotief.
Het oude hobbelpaard niet, de koffers niet.
Alleen de kanarie mag mee.

Lotje zet de kanarie met kooi en al
op opa's rug in de locomotief.
'Tjoeketjoeketjoek,' zegt opa.
De locomotief moet door de bocht en wiebelt.
Opa hangt schuin op de rails.
Het deurtje van de kooi gaat open.
De kanarie zingt steeds mooier.
Maar niet in de kooi.
Hij zit ineens boven op de waslijn.

Opa gaat staan.
Hij lijkt niet meer op een locomotief.
'Hoe krijgen we de kanarie weer in de kooi?'
vraagt hij.

'Je moet iets lekkers in de kooi leggen,' zegt Lotje,
'en we gaan voor hem zingen.'
Lotje en opa leggen zaadjes in de kooi.
Ze zingen 'Lang zal hij leven'.

De kanarie vliegt naar zijn kooi,
maar de zolder ligt vol zaadjes.
'Dat van die zaadjes,' zegt Lotje,
'vindt oma niet leuk.'

'Ik ben de vuilnisman,' zegt opa.
'Ik kom de viezigheid ophalen.
Jij moet me helpen.'
Lotje en opa gaan naar beneden.
Lotje bindt het schort van oma voor.
Opa pakt de stofzuiger.

'De stofzuiger is de vuilniskar,' zegt opa.
Lotje mag zuigen.
Ze zuigt de zaadjes en de snippers rond de kooi.
Ineens hoort ze 'plop!'
Waar is de kanarie gebleven?

Lotje en opa staan in de keuken.
Opa knipt de stofzuigerzak open.
De kanarie zit onder in de zak van de stofzuiger.
Hij was geel, maar nu is hij grijs.
En hij zingt niet meer.
Opa en Lotje gaan fluiten.
Voor de kanarie.

De kanarie schudt zijn veren.
De grijze veren worden weer geel.
De kanarie zingt. Heel zachtjes.
'Wat zijn wij goede vuilnismannen,' zegt opa.
'Ik ben een vuilnisvrouw,' zegt Lotje.

'We zijn er weer!' roept mama.
'Hoe ging het?' zegt oma. Ze komen de kamer binnen.
Opa en Lotje lezen. Samen op de bank, elk met een boek.
De kanarie zingt.
'Wat is het hier lekker rustig,' zegt oma.

Maar dan ziet ze de vaas.
Mama zegt: 'Wat ziet de kanarie er raar uit.'
Opa's wangen worden rood.
'Niks aan de hand,' mompelt hij.
'Ik kan heus wel oppassen.'
Mama kijkt naar Lotje.
'Ik heb gedaan wat opa zei,'
zegt Lotje lief.

Oma loopt naar opa
en kijkt hem streng aan.
'Was jij soms weer het paard?

Opa,
dat mag niet!'